Descifrando el Código Petargh

Por

Helio Laguna, Mario Corona y Lázaro Bernstein

Título: Descifrando el Código Petargh

© 2017, Helio Laguna, Mario Corona y Lázaro Bernstein

© De los textos: Helio Laguna, Mario Corona y Lázaro Bernstein

Ilustración de portada: Mabel Cox

Revisión de estilo: www.escritoyhecho.com

1ª edición

Todos los Derechos Reservados.

¡¡IMPORTANTE!!

No tienes los derechos de Reproducción o Reventa de este Producto.

Este libro tiene © Todos los Derechos Reservados.

Antes de venderlo, publicarlo en parte o en su totalidad, modificarlo o distribuirlo de cualquier forma, te recomiendo que consultes al autor.

El autor no puede garantizarte que los resultados obtenidos por él mismo al aplicar las técnicas aquí descritas, vayan a ser los tuyos.

Básicamente por dos motivos:

Sólo tú sabes qué porcentaje de implicación aplicarás para implementar lo aprendido (a más implementación, más resultados).

Aunque aplicaras en la misma medida que él, tampoco es garantía de obtención de las mismas ganancias, ya que incluso podrías obtener más, dependiendo de tus habilidades para desarrollar nuevas técnicas a partir de las aquí descritas.

Aunque todas las precauciones se han tomado para verificar la exactitud de la información contenida en el presente documento, el autor y el editor no asumen ninguna responsabilidad por cualquier error u omisión.

No se asume responsabilidad por daños que puedan resultar del uso de la información que contiene.

Así pues, buen trabajo y mejores Éxitos.

TABLA DE CONTENIDOS

INTRODUCCIÓN 9
CAPÍTULO I 13
CAPÍTULO II 17
CAPÍTULO III 25
CAPÍTULO IV 29
CAPÍTULO V 33
CAPÍTULO VI 37
CAPÍTULO VII 39
CONCLUSIÓN 43

INTRODUCCIÓN

La idea de este libro surge de una serie de conversaciones entre Helio Laguna, Mario Corona y Lázaro Bernstein que se llevan a cabo en distintos escenarios de la capital francesa. En su recorrido, ellos tres están en busca de las claves para identificar a esa persona a la que nombran "Petargh".

Un Petargh no es más que la persona que no quieres ser, aunque todavía no lo sepas. A través de estas líneas podrás descubrir cuáles son esas características que te están deteniendo a la hora de emprender. Descifrar el código Petargh significa expandir la conciencia y liberarte de esas ataduras que, en este momento, te impiden avanzar.

El objetivo, pues, de descifrar este código es que entiendas cuáles son las barreras que te están separando de la vida que sueñas, de ser innovador, de generar ingresos por tu propia cuenta. Irás entendiendo que todos somos o hemos sido un Petargh en algún momento de nuestras vidas, pero también descubrirás las herramientas para dejar de serlo y, de una vez por todas, alcanzar tus anheladas metas.

Aunque llevado a un escenario literario, todo lo que se expresa en este libro es real. Nuestros protagonistas disfrutaron de lo más diverso de la escena parisina a la vez que contaron sus experiencias y compartieron su aprendizaje. Su éxito es una muestra de cuáles son las actitudes y acciones que hay que tomar si quieres entrar y permanecer en el mundo de los negocios, cualquiera que sea la rama en la que decidas emprender.

Así pues, la invitación es a leer con mucha calma y a acompañar a Helio, Mario y Lázaro a reunir esas pistas necesarias para descifrar el código Petargh.

"Cada vez que empiezo leer un libro lo primero que veo son los créditos, los reconocimientos de personas que no conozco, las historias del porqué o cómo de ese libro.

Y en numerosas ocasiones he dejado de leer porque pasan 100 páginas antes de que pueda yo entrar al tema por el cual compré el libro. Aquí nos vamos ir directamente al grano."

Helio Laguna

CAPÍTULO I

Estamos en la Torre Eiffel, disfrutando una vista espectacular. Una vista panorámica que es de las mejores del mundo. Hoy tenemos el placer y la fortuna de estar aquí, no por suerte, no por chance, sino porque así lo decidimos.

No es que estamos aquí de vacaciones solamente, vinimos a impactar vidas y a consecuencia de eso llegamos a la Torre Eiffel. Así que, de eso se trata, de salir adelante, de seguir impactando, de seguir haciendo avanzar a las personas, porque creemos que es importante lo que estamos haciendo...

— Mario, ¿qué estabas buscando ahí? —pregunta Helio.

— Estaba buscando Petargh's. Estamos en la quinta república. Estamos en el país, probablemente, más liberal que existe en el mundo, con más respeto por las diferencias, y desde aquí, desde la cuna de la revolución, con ignición por la toma de La Bastilla, hemos iniciado una revolución para acabar con todos los Petargh's que existen dispersos por varios lugares, escondiéndose para que nadie los pueda encontrar.

Bueno, ahí va la primera pista de lo que es un Petargh. Un Pertargh es una persona que cree que ya lo sabe todo, que cree que ya no hay que aprender más. Si acaso, por error, va a un entrenamiento.

Pero no va a un entrenamiento con cualquier actitud. Un Petargh diría: "Eso ya lo sé, nunca lo he hecho, pero eso ya lo sé; eso ya lo había oído, eso ya lo leí; eso no es nuevo para mí, ya lo había escuchado".

Un Petargh no toma acción en nada. Quizás va a un taller, pero con intención de desenmascarar, o por lo menos de intentar desenmascarar, a decir que ya lo sabe. Está en un taller, pero con la atención en su celular haciendo otra cosa que considera más importante.

Porque ya lo sabe todo. Y, en realidad, no está creciendo. Esa soberbia de decir, "yo ya lo sé todo, yo ya lo vi todo", impide que crezcas y cuando no estás creciendo, estás decreciendo.

— ¿Es así? —pregunta Helio, dirigiéndose a Lázaro.

— Es crear o desintegrarse —confirma Lázaro— No estás avanzando, estás retrocediendo y un Petargh siempre retrocede. Cree que está avanzando, pero en realidad lo que hace es retroceder. Aclaremos que estamos lidiando con el infinito: con el conocimiento, que es infinito. ¿Cómo vas a saber todo lo que hay en un universo infinito? Es imposible. Siempre hay que estar aprendiendo, siempre hay que estar enseñando, como decíamos antes. ¿Otra pista puedo tirar?

— Ya, dos en uno... —responde Helio.

—Vamos a terminar de amarrar esa idea de qué es un Petargh... Un Petargh tampoco hace lo que tiene que hacer. Siempre dice cosas como "yo no voy a hacer esto" o "yo no voy a hacer esta actividad porque no va con mis valores, con mi forma de pensar". Lo dice porque cree que sabe y ha vivido todo, y porque cree que el mundo tiene que encajar en su escasa y mediocre forma de vida.

— ¿Tiramos la siguiente pista? —pregunta Helio, en tono de complicidad, a sus dos compañeros.

— Pero, con una analogía... —contesta rápidamente Lázaro— Haz de cuenta que tenemos pólvora mojada, ¿qué es lo que hace la pólvora mojada cuando la encendemos? Humo, nada... eso es un Petargh.

— Un Petargh es un pinche copión —interrumpe Mario, provocando la risa de sus amigos— ¡Es un piche copión! Copia todo lo que otras personas hacen, no es capaz de crear nada por sí solo.

Hablar del tema de los Petargh con la Torre Eiffel de fondo es, sin duda alguna, una gran emoción. Una gran inspiración.

Hay que innovar, hay que ser innovadores. Tú puedes simular a otros, pero no usar tal cual todo. Date el tiempo de pensar, de innovar, de hacer las cosas distintas y vas a tener mejores resultados.

Si quieres despegarte de todo lo que está sucediendo, despegarte de la competencia, es indispensable que hagas lo tuyo, que seas creativo. Vas a tener que convertirte en una persona creativa, que hace cosas que los demás no hacen y para eso vas a tener que ser inspirado. Hay que buscar inspiración en todo.

Nosotros vinimos a Paris a buscar inspiración y de este viaje están surgiendo charlas, están surgiendo conversaciones en donde ya estamos definiendo lo que vamos a hacer este año y ver a la Torre Eiffel ahí de fondo, tenerla ahí, es una inspiración. Trata de crear, de buscar esos ambientes en lo que puedas ser inspirado. Y si no los puedes encontrar, créalos.

El ejemplo de Helio es muy esclarecedor. Él se encontró con mucha gente que estaba haciendo talleres, aunque los que estaba buscando no los encontraba.

— ¿Qué tuvo que hacer? — le increpó Lázaro.

— En definitiva, crearlos. Si lo que quieres no existe, hay que crearlo y hay que dárselo a otras personas. No lo hagas por ti, hazlo por los demás —enfatizó Helio.

—Y, definitivamente, deja de ser la mala copia de otra persona. —agrega Mario— Mejor conviértete en la mejor versión de ti mismo. Ese es el trabajo, esa es la ruta.

Ahí dimos en el clavo, ¿no? Enfócate en la causa, conecta con tu propósito, descubre tu propósito, está ahí.

Cuando hablamos de descubrir estamos hablando de algo que está, pero está cubierto con algo. Tienes que descubrirlo y conectar con él.

Cuando conectes con él, enfócate en la causa, en por qué estás aquí, en para qué has venido al mundo y... haz la diferencia, siempre haz la diferencia.

Pero... Necesitamos terminar de descubrir qué es un Petargh y vamos a seguir con pistas.

CAPÍTULO II

Hay otra pieza importante del rompecabezas de este Código Petargh. Es una nueva pista que va a causar mucha incomodidad. A muchas personas les va a salir ronchas, les va a salir espuma por la boca, van a maldecir, se van a molestar, pero un líder dice lo que nadie quiere decir, un líder hace lo que nadie quiere hacer, así que hay que decirlo...

— ¿Te bancas, Lázaro? —pregunta Mario.

— Nuevo código —asegura Lázaro— nueva pista para descifrar a un Petargh, y con todo respeto, la idea no es que nadie se ofenda, todo lo contrario, simplemente queremos elevar el nivel de consciencia de los emprendedores. Un Petargh se asusta cuando tiene que invertir altos precios, o sea, pagar productos...

— Cualquier precio —agrega Helio.

Efectivamente, a un Petargh le aterra invertir en productos. Sobre todo los productos de alta gama, que son los productos que de verdad van a causar esa transformación necesaria.

Un Petargh se va a asustar. En realidad, asustarse no tiene nada de malo, pero ese susto que tiene el Petargh lo va a congelar y porque se congela no hace nada, pone excusas para decir por qué no va a invertir tal precio por tal programa, que obviamente es un programa de alta gama y se quedan quietos, quedan en el molde, atraen a la barrera del terror, por ende no sucede nada en su vida.

Podemos poner el ejemplo de Lázaro, a quien le tocó pasar esa barrera, incluso antes de haberse convertido en emprendedor. Cuando comenzó, tuvo la oportunidad de trabajar con un gran experto en el área en que se estaba iniciando.

Cuando le dijeron cuanto cuánto iba a costar su estudio con ese experto, que incluía entrar a su organización y trabajar con él, se petrificó y por un momento tuvo muchas dudas. Y, es normal: lo que debía invertir era similar al precio de un buen auto.

Sin embargo, implícitamente hubo algo que, con mucha fuerza, le impulsó a tomar la decisión y a decir: "No sé cómo, pero lo voy a hacer".

Lázaro siempre explica en los talleres que hace junto con Mario y con Helio, y en sus talleres personales, que cuando uno toma una decisión, eso te pone en la dirección necesaria para que las cosas sucedan. No necesitas saber de dónde vas a sacar el dinero. Estás enfocándote en que no puedes, estás enfocándote en tus condiciones y circunstancias presentes cuando dices "no puedo porque...". En lo que debes enfocarte es en lo que quieres, en este caso es una formación de alta gama, conectar con esa frecuencia de pensamiento, conectar con la idea de que lo vas a hacer y vas a empezar a crear todas las ideas necesarias de cómo conseguir ese dinero.

Cuando amplías tu contexto empiezas a ver cosas que anteriormente no eras capaz de ver, porque tenías la atención enfocada en un lugar distinto. Siendo honestos, todos hemos sido un Petargh en cualquier momento de nuestras vidas y lo malo no es serlo, lo malo es que cuando eres consciente de que en algún momento te has convertido en eso y que tienes la oportunidad de salir de ese estatus, sigues manteniéndote en lo mismo, te sigues concentrando en tu escases, te sigues concentrando en tus limitantes, te sigues concentrando en eso que no puedes hacer, en vez de entender que la abundancia de este mundo, que la fuente del creador, de Dios o como quieras llamarlo, es ilimitada y que más que pensar en desgastarte por conseguir migajas del pastel, tú puedes acceder a la gran abundancia.

Pensar en grande es quererlo todo y tú tienes dentro de ti todo lo que necesitas para acceder a eso, tal vez no tengas la ayuda que necesitas en ese momento, tal vez no tengas la estrategia, pero eso no significa que seas un idiota. Tal vez seas un Petargh en ese momento, porque no has accedido a ese conocimiento, pero si tienes la humildad para reconocerlo y tienes el valor para buscar la ayuda y tomar la decisión de que vas a ir en pos de ese objetivo, aunque no tengas ni la menor idea, pero te sales de ese tren de la carrera de la rata, en el que todos los concienzudos, analíticos, conservadores y cobardes no dan un paso si no tienen un plan que jamás va a pasar a la práctica, vas a lograrlo, vas a lograrlo.

Porque el mundo se ha transformado por los valientes que van más allá de las limitantes lógicas, de las limitantes que otras personas les han puesto. Helio, Mario y Lázaro, al estar en Francia han roto muchas cadenas que los venían atando por mucho tiempo. Han roto muchos paradigmas, han sido como los salmones en contra de la corriente; se han salido de la borregada donde un pastor dice algo y todo el mundo lo obedece. Así que piensa si quieres seguir así toda tu vida o estás preparado para ser un ser abundante.

Para cerrar la historia de Lázaro, hay que decir que cuando se topó con esa posibilidad, tomó la decisión. No tenía el dinero, pero tomó la decisión. Le llevó dos meses conseguir el dinero, no fue fácil, pero en esos dos meses atrajo todo lo necesario para hacer esa gran inversión, el resto es historia.

Luego todos lo tomaban por loco: familia, amigos, etc. "¿Cómo te endeudaste así? ¿Para qué? ¿Para enseñar desarrollo personal?". Ellos lo veían como algo tan limitado como la ley de atracción. La ley de atracción en realidad es sub ley, pues deriva de la ley de vibración, pero hay muchas otras leyes. Obviamente, el desarrollo personal no es nada más hablar de la ley de la atracción, pero ellos pensaban que Lázaro solamente se enfocaría en eso. Pensaron que nunca se iba a poder dedicar a eso de manera profesional, que no iba a poder vivir de eso.

Pero Lázaro demostró que no era así. Demostró que cualquier persona que realmente tenga un deseo ferviente y le dé todo, puede hacer eso realidad.

No tienes que saber cómo, solamente tienes que saber qué es lo que quieres y dar tu vida por eso, por eso tiene que ser algo muy importante.

Tu sueño lo quieres porque vas a dar tu vida por ese sueño. No te preguntes si eres digno de tu sueño, pregúntate si tu sueño es digno de ti, porque vas a tener que dejar absolutamente todo en la cancha para poder lograrlo.

— Quiero hacer una confesión —dice Helio— Cuando comencé con toda esa loca idea de la libertad financiera, de ayudar a las personas, lo comencé siendo un gran Petargh, un increíble Petargh. Si no inviertes en ti, si no crees en ti, eres un Petargh, y muchas veces somos así. Por ejemplo, antes de adquirir el libro Padre rico, padre pobre lo veía y lo veía en la estantería de la librería y no quería, durante un par de meses, comprarlo. Sencillamente porque no quería invertir los 10 o 12 dólares que costaba ese libro, no quería invertir los 10 o 12 dólares que costaba ese libro...

— ¡Petargh! —grita Lázaro entre risas.

— Pasaron dos meses —continúa Helio—, lo veía en las bibliotecas, en las librerías lo volvía a ver, no lo compraba.

— ¡Petargh! — es Mario el que interviene esta vez entre carcajadas.

— No compraba el libro porque había que invertir 10 o 12 dólares y aquí va la confesión: no lo compré, no compré el libro original de Padre rico, padre pobre. El libro que me cambió la vida, lo que hice es que, afuera de una estación del metro, —a Helio le cuesta contener la risa en este momento— compré una versión pirata.

— ¡Petargh! —esta vez el grito fue de todos.

— Compré el libro en pirata, el libro que cambió mi vida lo compré en pirata. No quería invertir 10, 12 dólares o lo que sea que costara el libro original. Invertí la mitad y después de hacer esa inversión cambió mi vida. Después de hacer inversión compré los libros de Robert Kiyosaki en inglés y en español, todos los juegos, todos los programas, más de 10.000 dólares en inversión, pero todo inició, todo lo que me estaba deteniendo eran 10 dólares de inversión.

—15 dólares estaban deteniendo todo lo que ha cambiado mi vida, todo lo que ahora he logrado para cambiar la vida de otras personas, y lo confieso, estaba siendo un Petargh y queremos que no te suceda eso, queremos que creas en ti, queremos que inviertas en ti, queremos decirte que tú eres la mejor inversión, que tú eres rentable y que todo lo que inviertas en tu educación se va a ver multiplicado con un retorno increíble. Eso me sucedió a mí, eso sé que te va a suceder a ti, entonces no seas un ¡Petargh! No seas un Petargh —continúa Helio entre risas— e invierte en educación.

— ¿Qué tal esa confesión? ¿La esperabas? —pregunta Helio, dirigiéndose a Mario.

— Eso te permite de alguna forma empatizar con personas que todavía son Petarghs y que piensan que nosotros somos diferentes, cortados con una tela diferente, pero la verdad es que pasamos por las mismas broncas. Pero no dejamos que el miedo nos limite, no andamos con que nuestra vida es muy triste, que hemos sufrido mucho, que tenemos muchos intentos y que las cosas no se han dado.

— ¡Petargh's! —repiten entre todos.

— No andamos con eso y seguimos para adelante —prosigue Mario— así que kill the Petargh inside you, mata ese Petargh que vive dentro de ti y conviértete en el dueño de tu vida. Acéptalo, en primer lugar: el primer síntoma de un enfermo es aceptar su enfermedad y así como lo hemos hecho ante ti, tú también debes aceptar que eres un Petargh, debes matar el Petargh que vive dentro de ti, y te vamos a seguir dando pistas para que puedas identificarlo, para que puedas matarlo y te dejes de boludeses, porque así no vas a conseguir nada, absolutamente nada. Con aspirinitas, con programas regalados, con cursitos de 1 dólar no vas a conseguir nada.

El primer paso es identificar, percatarte de que eres un Petargh, de que no quieres invertir y eso te está deteniendo. Hay que tomar acciones, atravesar esa barrera del terror que se erige en ti y hace que creas que la educación no es algo rentable.

Si te estás deteniendo, cualquiera sea la cifra, 5 dólares, 10 dólares, 100 dólares, 1.000 dólares, lo que sea, ya no dejes que te detenga más, libera el potencial que existe en ti y que no dejes que 15 dólares te detengan, como estuvieron deteniendo a Helio durante dos largos meses, como pudieron haberlo detenido y que jamás hubiera entrado en ese tren de ayudar a otras personas a mejorar sus vidas, a cambiar su mentalidad. Eran 12 dólares los que lo detenían, 12 dólares los que lo tenían en ese lado de ser un Petargh.

— ¿Qué opinas de esta confesión? — esta vez la pregunta de Helio iba hacia Lázaro.

— Que eras un Petargh —afirma Lázaro sin titubear— nunca había escuchado esa historia y creo que cualquier persona que en este momento se haya reconocido como un Petargh, pueda ganarte...

— Así que — continúa Lázaro luego de estridentes carcajadas—, todos tienen que quedarse contentos, están en buenas condiciones, si es que se reconocen como Petargh's, están en buenas condiciones. Porque, a pesar de su anécdota, pueden verse los resultados que tiene hoy en día Helio Laguna.

Por eso es importante el primer paso, reconocer el problema, reconocer que el problema es que no estamos invirtiendo en nuestra educación.

Hay personas que invierten fortunas en una carrera universitaria, pensando que una universidad le va a dar, o es la mejor estrategia para generar ingresos y está comprobado que es la peor estrategia para generar ingresos.

— En realidad, no es recomendable que estudies una carrera si no te apasiona —afirma Lázaro en su disertación— Si te apasiona, genial, ve y estudia porque es el lugar para ir a buscar información, pero no es el lugar que te va a dar la mejor estrategia para generar ingresos. Si vas a estudiar una carrera que no te guste y lo haces porque vas a generar ingresos con eso, esa es la peor estrategia.

CAPÍTULO III

Estamos en la Île de la Cité, la parte más antigua de París. En la Île de la Cité es donde se encuentra Notre Dame, una de las catedrales más simbólicas del mundo. Continuamos con el Tour de France, desenmascarando a los Petargh's.

— En esta calle descubrimos una nueva pista —afirma Lázaro— ¿La comparto?

— Por favor —contesta Helio.

— La pista de desenmascarando un Petargh —expone Lázaro, quien fija su vista en el río Sena, uno de los más largos de Francia— es que un Petargh es una persona que es víctima de las circunstancias, un Petargh es una persona que se siente siempre víctima de las circunstancias. Siempre vive en "Victimilandia", es más, se junta con personas que también viven en "Victimilandia" y constantemente están hablando de cómo las circunstancias o la vida les pagó mal, sin entender que en realidad son ellos los que tienen el control de cambiar sus circunstancias.

Una recomendación ahora: aléjate de las personas que están siempre culpando a las circunstancias por lo que son, por los resultados que tienen, aléjate, huye, no te juntes con esas personas, júntate con personas que saben que pueden cambiar su situación y que siempre están en busca de mejorar, crecer y de ir para adelante.

Definitivamente aléjate de esas personas que viven echándole la culpa a que nacieron en una familia humilde, que no pudieron estudiar, que apenas van iniciando, que tuvieron un problema y perdieron toda su riqueza, que siempre tienen alguna situación que les evita estar en donde están.

Y es verdad que tú no puedes tener control sobre lo que te sucede, pero si tienes el 100% del control a cómo respondes a eso que te sucede y en la medida en que respondas en vez de reaccionar, en la medida en que respondas con la consciencia y la intención correcta y te prepares fijando metas de acuerdo a tus más grandes valores y a ese estilo de vida que quieres tener, vas a ir incidiendo más en la causa y, por ende, más en el resultado.

Así que aléjate de "Petargh-deses", deja de lamentarte porque tu vida es muy triste, porque eres pobre, porque has sufrido mucho y todas esas excusas que pone la gente mediocre y lánzate a aquello que realmente deseas.

Tú debes estar por encima de las circunstancias. Si eres un Petargh, siempre vas a vivir a merced de las circunstancias, como una veleta que el viento hace hacia donde quiere. Nosotros queremos estar por encima de las circunstancias porque hay cosas más importantes que lo que a ti te sucede, porque hay más personas en el mundo que tú mismo y debes ayudar a esas personas. Y para poderlo hacer debes ponerte por encima de cualquier problema.

Nada te sucede, nada te pasa. Tú tienes el control para cambiar la situación. Si haces esto, si dejas que esto sea tu realidad, están sucediendo ahí, dos cosas muy importantes.

La primera de ellas es que lo estás usando como una excusa, está siendo una excusa culpar a las circunstancias, a la genética, al país donde viviste, al presidente y que estás culpando a otras personas.

Y la segunda cosa muy importante, además de culpar a otros y evadir la responsabilidad: lo estás aceptando y no estás haciendo nada, no estás haciendo nada porque la culpa no es tuya, porque la culpa es de otro, porque eso te sucedió y no hay nada más que hacer. Así que no hay aprendizaje, porque estás diciendo que tú no creaste la situación, que tú no tienes el control de la situación. No hay aprendizaje, no hay crecimiento. Vas a seguir en la misma situación, vas a seguir viviendo en "Victimilandia", o en "Petargh-landia", vas a seguir ahí.

Nada te sucede, nada te pasa: tú puedes cambiar la situación. No es el presidente, eres tú. Va a haber peores presidentes después del que tienes ahora. Van a venir muchos más malos, pero tú puedes hacer que cambie la situación, tú le puedes dar la vuelta. ¿Que subió el dólar? Tú puedes vender en dólares. ¿Que subió la gasolina? Tú puedes crear otra fuente de ingreso que compense esa subida de la gasolina y de todos los insumos.

Tú tienes el control para reaccionar, para responder a la situación, darle la vuelta, hacer algo distinto, hacer que no te afecten las circunstancias externas que no puedes controlar y apalancarte de las que sí puedes controlar y dale toda la vuelta, una vuelta total a la situación. Mantén bajo control esta característica Petargh y evita ser un Petargh.

No seas el producto de la forma de pensar de alguien más, no seas un Petargh. Tú puedes crear tu propio ambiente. Rodéate de personas conscientes, que saben que pueden y que te van a transferir ese sentimiento a ti también, rodéate de personas que están haciendo algo respecto a sus vidas, no seas Petargh.

No adecues tu sueño al condicionamiento que tienes o al contexto en el que estás. Fija tu sueño en la máxima expresión que puedas tener de él y expande tu contexto, expande tu persona, expande tu entorno para que seas merecedor de ese sueño, al punto en el que te preguntes:¿El sueño realmente me merece a mí? Y deja de ser un Petargh.

Quizás algunas características de un Petargh coincidirán contigo en estos momentos. Quizá fuiste víctima de alguna de estas en el pasado. Lo importante es identificarlas, ya sea que te hayan sucedido para que no te vuelvan a suceder, si te están sucediendo en estos momentos, identificarlas y darle la vuelta, pero en definitiva, deja ese estado de Petargh.

CAPÍTULO IV

Recorriendo las calles de París con un lujoso Ferrari, es tiempo de identificar otra característica para reconocer a un Petargh.

Un Petargh jamás, jamás invertirá en un estilo de vida premium, ni jamás estará preparado para llegar a un estilo de vida premium, porque sus limitantes lo restringen, sus limitantes lo alejan y no podrá disfrutar de esto que estamos disfrutando nosotros.

Piensa en grande y no seas un Petargh, los Petargh's siempre pierden, no sigas a un Petargh, no seas un Petargh, piensa en grande.

"Hay que pensar en grande", dice el odiado Donald Trump. "Cuesta lo mismo pensar en pequeño, que pensar en grande".

—Todo lo que me ha sucedido en la vida —comparte Helio—, todo lo que he querido ha sucedido y ha sucedido en grande y de lo que me arrepiento es de no haber visualizado, de no haber planeado más en grande.

En definitiva, piensa más en grande, piensa en que te mereces lo que quieres, piensa en que así va a ser. Lo que quieres de esa vida de lujos, de esa vida de abundancia, es posible para ti. Solamente tienes que tener mentalidad de abundancia y estar dispuesto, dispuesto también a invertir. Tienes que estar dispuesto a invertir para tener más, invierte para ganar.

Y abre el horizonte, expande tu visión, expande tu contexto para que puedas acceder a ese estilo de vida premium que quieres disfrutar...

Todos tenemos un potencial infinito. No es lo mismo pensar en chico que pensar en grande. Tenemos la capacidad de hacer las dos cosas: hay personas que de repente están pensando en el Ford que se van a comprar, y otra persona puede estar pensando en el Ferrari que van a manejar en París.

No hay límites, no te restrinjas y, además, esto de pensar, de soñar, de fantasear es gratis, nadie te cobra por eso; hay personas que lo utilizan, y hay personas que no lo utilizan. Un Petargh no lo utiliza, tú no eres un Petargh, empieza a fantasear en grande.

No es bueno que enfoques en cosas que sabes cómo vas a lograr. Nunca te enfoques en cosas que sabes cómo vas a lograr, porque si te enfocas en metas o objetivos que tú sabes cómo vas a lograr, no hay crecimiento.

Recuerda que la verdadera paga está en el incremento en consciencia que vamos a desarrollar para lograr lo que no tenemos ni idea de cómo lo vamos a lograr; por ejemplo, estar aquí con esta nave espacial: años atrás no teníamos idea de cómo lo íbamos a lograr, pero pensamos en grande y sucedieron cosas grandes que nos llevaron a poder estar en París haciendo este tipo de cosas.

No sabíamos cómo lo íbamos a lograr, pero sí sabíamos que íbamos a tener la posibilidad de disfrutar estas cosas. No te enfoques ni fijes objetivos que sabes cómo vas a lograr, porque no hay un incremento de consciencia. Ve en busca de algo que realmente quieres, pero que no sabes cómo vas a lograr, porque vas a tener que realmente ser consciente de un montón de cosas, elevar tu nivel de consciencia para poder lograrlo y esa es la verdadera paga de fijar objetivos.

Fíjate objetivos imposibles.

Objetivos que no sepas cómo los vas a lograr, pero toma acción para lograr esos imposibles. Si te das cuenta, todas las cosas que han cambiado al mundo han sido cosas imposibles: volar era imposible, tener un vehículo era imposible.

En la vida hay que tomar riesgos, hay que saber lo que uno quiere.

Tomar riesgos, ir a por ello, no quedarse en la zona de Petargh, no es la zona de confort, es la zona de Petargh. No quedarse en la zona de Petargh e ir en busca de lo que uno quiere.

Por eso tenemos ese llamado a descifrar el Petargh, desenmascararlo, darle vida. Es como crear el avatar, darle vida a ese enemigo, porque ese enemigo pudiera ser tu amigo, tú mismo en estos momentos pudieras ser un Petargh. Y lo mejor es identificarlo, identificarte, cambiar la situación, darle la vuelta.

Tú decides ser un Petargh, si quieres seguir siendo un Petargh o si quieres pasear en un Ferrari por el Sena.

CAPÍTULO V

Un Petargh jamás sale de su zona de confort. Un Petargh piensa que lo que tiene, que lo que ha hecho, que lo que es ya es suficiente. Nunca se da cuenta de que tiene un deber moral de crecer aún más, que tiene un deber moral de inspirar a más personas.

Puedes pensar "ya yo llegué a la cima, yo ya estoy donde quiero estar"; has llegado solo y tu deber moral es ayudar a otras personas a que estén ahí. Sin embargo, no existe la cima: siempre hay algo más, siempre debes estar buscando más, nunca debes detenerte, siempre debes estar avanzando paso a paso.

—Una de las cosas que aprendí —comenta Lázaro— es que la satisfacción es un estado bueno, uno tiene que estar feliz, pero nunca tiene que estar satisfecho. Porque, en esencia, somos seres espirituales y el espíritu está siempre en busca de una mayor expansión, en busca de crecimiento. No nos podemos quedar quietos por eso, la persona que corre siempre busca correr más rápido, la persona que salta siempre va a buscar saltar más alto. La insatisfacción es algo que nos sacó de una cueva cuando éramos cavernícolas, nos llevó a un departamento. Busca más, sé feliz con lo que tienes, pero no estés satisfecho, porque siempre hay una mejor forma de hacer las cosas y siempre hay una mejor forma de ser más, de tener más y de, con el ejemplo, inspirar a los demás para que lo mejor.

Se trata no de ser bueno, se trata de crear una dominación, se trata de dominar el mercado, se trata de dominar la industria, se trata de hacer cosas gigantescas. Nacimos para eso, todos nacimos abundantes y son nuestras limitaciones las que nos dicen "Bueno, ya llegué aquí, vamos a dejar la cosa aquí, ¿para qué hago más de esto? ¿Para qué hago más de lo otro? Con esto es suficiente. Con esto estoy feliz".

Nunca estancarte, nunca conformarte, tú puedes hacer récords, hacer cosas extraordinarias. Lionel Messi es argentino, es la persona que más goles ha metido en todos los tiempos en la liga española y él podría decir "Bueno, soy el máximo goleador de todos los tiempos", pero él sigue jugando, sigue metiendo goles. Se trata de dejar su nombre para siempre en el libro de récords.

Deja tu nombre para siempre en el libro de récords, deja la vara muy alto para que las personas se esfuercen en alcanzarte, en alcanzar algo grande y con ese algo grande estarás inspirando a personas por generaciones y generaciones.

Nunca te conformes, siempre ve por más, siempre ve a dominar tu industria, siempre ve a dominar el mercado. Sal de zona de confort, crea cosas gigantescas.

— Un clásico de Francia, el Palacio de Versalles. —Indica Lázaro— Estamos acá con Mario Corona, que también está disfrutando de esta magnificencia, ¿no?

— Tremendo, tremendo el esplendor de todo el Palacio —responde Mario.

— Cómo vivía la monarquía de esta manera en 1.800... Es un sistema que dominó por mucho tiempo, por muchos siglos, el sistema monárquico. Y ahora podemos ver cómo cualquier persona puede crear su propio imperio —expresa Lázaro con emoción.

— Definitivamente antes, digamos la realeza, la opulencia, la abundancia era por decreto divino, por sangre azul, por pertenecer a una familia. Sin embargo, porque esto ya está dejando de existir en su totalidad, ya las personas nos ganamos nuestro lugar, de acuerdo a nuestro esfuerzo, de acuerdo a nuestro compromiso, de acuerdo a las decisiones que tomemos, de las decisiones que implementemos y esa es la oportunidad que tú tienes también el día de hoy.

No es verdad que tengas un destino atado a vivir bajo el yugo de una vida que no deseas. Tú con cada decisión y con cada acción puedes crear la abundancia y puedes acceder a todo esto si realmente lo deseas.

— Ahí lo tienes —complementa Helio— Ya no necesitas nacer en cuna de rico para ser rico, estamos en la era de la información, tú te puedes apalancar de la información, tú puedes crear un negocio sin inventarios, tú puedes crear de la nada abundancia, crear de la nada riqueza, crear de la nada recursos y lo que necesitas es innovación, lo que necesitas es acción, lo que necesitas es atreverte, lo que necesitas es tener una visión grande, una visión poderosa, una visión dispuesta a hacer lo que nadie ha hecho, eso es lo que se requiere hoy en día.

— Todo empieza con una decisión, todo empieza con creer en ti mismo, todo empieza con estar dispuesto a luchar por esa idea. Déjate de petardeces, de tener un plan perfecto que te lleve por lugares por los que no vas a caminar, porque no hay estrategia que sobreviva el inicio de una batalla. La perfección, con todo respeto lo digo, es la excusa de los cobardes —opina Mario.

— Así es, es un buen punto —continúa Lázaro— una buena idea es lo único que necesitas para empezar, toma la decisión que se va a llevar a cabo, a esta altura ya entiendes ese concepto. Nosotros creemos en ti, lo único que necesitas es que tú creas en ti y dale para adelante, más allá de los obstáculos, más allá de todo, continúa. Te vas a topar con obstáculos, quizá el plan que trazaste no funcione, vas a tener que cambiarlo, quizá la fecha que pusiste no sea la correcta, vas a tener que posponerla, pero nunca cambies tu sueño, porque tu sueño es importante.

CAPÍTULO VI

— ¿Dónde estamos? —pregunta Helio.

— Estamos dentro del Museo de Louvre —responde Mario—, en la cámara donde se encuentra el cuadro más emblemático del gran Leonardo Da Vinci, y sin duda alguna, el cuadro más emblemático de la historia del arte antiguo y de toda la historia de la pintura universal. Un cuadro que ni siquiera puede ser valuado en términos monetarios, porque excede cualquier apreciación pericial al respecto.

— ¿Vamos a verla? Vamos a ver esta obra, la obra más valuada de todos los tiempos, la obra más visitada de todos los tiempos, vamos a verla.

— Tanto así que Leonardo Da Vinci nunca se despegó de ella mientras vivió, hasta el último día de su muerte lo acompañó a cualquier lugar al que se dirigiera.

—No tiene precio —interviene Lázaro en la conversación— Intentaron ponerle precio y no pudieron, no tiene precio, no se puede vender, si la quieren comprar, no pueden.

Vamos a hacer un encuadre, respecto a lo que es esta obra. Se dice que en los años perdidos de Leonardo Da Vinci, dos años que prácticamente desapareció de la escena pública, muchas personas especulan dónde estuvo realmente este gran pintor, y se habla del apoyo que tuvo de fuerzas que están más allá de los sentidos de las personas, más allá de este plano, conexión con la fuente, conexión con seres de otros planetas.

Se especula incluso, y el tiempo en que Leonardo Da Vinci estuvo perdido, la investigación más seria apunta a que realmente estuvo en el Cerro de Monserrate. Lo que es La Gioconda en sí, si apreciamos bien lo que se encuentra al fondo, podemos apreciar que es claramente el Cerro de Monserrate.

Y no solamente se especula el lugar, sino el origen de la gran Madame o la gran Signora que posó para este cuadro.

Lo que sí está claro, es que fue el cuadro que más amo Leonardo Da Vinci y que desde el momento en que lo pintó, no dejó que nadie lo separara de él, dormía con él, viajaba con él.

Curiosamente, después de esos años perdidos, que se especula estuvo en Monserrate, fue cuando pintó La Gioconda, fue cuando pintó La Virgen de las Rocas y sus obras más magnánimas.

— ¿Quién estuvo en Monserrate? —pregunta Lázaro.

— Nosotros —explica Mario— Y pensar en lo que hemos hecho, nos hemos ido a inspirar, hemos ido a obtener ayuda a todos lados. A los mismos lugares en que estuvo Leonardo Da Vinci, en los mismos lugares aquí en Francia donde ha estado Rousseau, donde estuvo Descartes, donde estuvo Corbusier y los grandes pensadores, el mismo George Washington, La Fayette, los grandes iniciadores de la historia moderna.

CAPÍTULO VII

— Hemos llegado ya a la última pieza. Todas las piezas del rompecabezas nos trajeron aquí —afirma Helio.

— Debajo de la Bóveda Celeste, respaldada por estrellas —interviene Mario.

— Ahí dentro encontramos la última de las piezas. Tuvimos que burlar la seguridad, nos sacaron a golpes —recuerda Helio.

— Dos veces nos sacaron —reafirma Lázaro.

— Dos veces nos sacaron, pero valió la pena porque ya tenemos la pieza final, el ingrediente secreto final para dejar de ser un Petargh —asegura Helio.

— Ha sido muy complicado ir armando cada una de las piezas en cada país —comenta Mario—, en cada ciudad que hemos visitado hay una pista, esa pista se ha venido cuidando muy bien para que embone exactamente con otras y hemos llegado al lugar en donde todo va a cobrar sentido en el momento en sea revelado.

— Entonces ya tenemos el rompecabezas armado, encontramos la última pieza maestra. Ya sabemos lo que es un Petargh, cómo dejar de serlo, pero esta pieza de información que tenemos, así te hayas perdido todas las pistas anteriores, todas las soluciones anteriores, con tener esta...

— Esta disuelve a todas las demás —interrumpe Lázaro la exposición de Helio.

— Con comprender esta, con accionar esta, es suficiente, para dejar de ser un Petargh para siempre —prosigue Helio.

—Se dice que esta contiene a todas las demás, todas están disueltas en esta, así como existe el código Da Vinci, Da Vinci está moviendo su gran obra maestra, también existe el código Petargh, que te lo vamos a revelar —asegura Lázaro—. Hemos descifrado el código en este viaje, así como Da Vinci descifró el código, nosotros hemos descifrado el código Petargh y estamos aquí para brindártelo.

Antes de develar lo que es la clave final, podemos preparar el camino haciendo una analogía, haciendo una metáfora con uno de los sucesos más importantes en la historia moderna.

La persona que marcó el calendario de la nueva era, porque a partir de él es que se describen los años que se cuentan, una vez acudió acompañado de su madre a unas bodas, donde de repente, por más esfuerzos que hicieron, las personas que se estaban casando, se quedaron sin vino para los invitados.

Y fue entonces cuando Jesús de Nazaret se enfrentó ante el dilema de realizar su primer milagro y, como muchos de ustedes, como muchos de nosotros, no estaba preparado para dar ese primer paso.

Él no estaba preparado para esa trasmutación, que le pidió el favor su madre que hiciera, esa transmutación que implicaba convertir el agua, barriles de agua, en barriles de vino. Y no sabía, ni tenía la menor idea de cómo lo iba a hacer, pero confió, se conectó, dio el paso y sucedió algo que sin duda alguna marcó esta nueva etapa moderna, porque dejó de ser un hombre, para convertirse en la deidad que para muchos pueda representar.

Y por eso el gran Leonardo Da Vinci pintó aquél gran cuadro que se llama Las Bodas de Caná. Hacia el centro del cuadro está Jesús con un aura que refleja su divinidad. Hacia su derecha se encuentra su madre, María, y también vemos un aro de luz que expresa de cierta forma su origen divino. Hacia la derecha de María vemos a Pedro y vemos otras personas que toman un rol preponderante en esta historia.

Obviamente tiene un estilo clásico, porque no era así como se vestían en aquel entonces, lo contextualizan al momento del

Renacimiento, cuando fue pintado. Por eso la ropa, los rostros y todo eso tienen ese tipo de estilo, pero centrémonos en lo importante: Jesús tomó un paso, hizo en ese momento lo que había que hacer, porque su madre se lo estaba pidiendo, y convirtió, a través del primer milagro, el agua en vino.

Ahí fue donde dejó de ser un ser humano, exclusivamente, para convertirse en el profeta que ha inspirado a tantas personas por miles de años y que es para muchos el conductor hacia la salvación en otro mundo que está por venir.

Definitivamente fue el inicio de algo grande. Fue el momento en el que Jesús tuvo miedo, el momento en el que dudó, el momento en el que no estaba preparado, el momento en el que no tenía ni la menor idea de lo que iba a hacer y en el que se encontraba ante muchas personas que estaban esperando a que él hiciera algo.

Y lo hizo —afirma Mario— ¿Y por qué lo hizo? Quiero que Lázaro nos explique un poco y la importancia de esto, dentro de esto que estamos a punto de revelar.

— Tiene mucho que ver con el último código, el Código Petargh, que ya lo encontramos y que es momento de compartirlo: no tiene que estar perfecto, solo debes comenzar, toma acción masiva perfecta para inspirar. Cuando eres inspirado a hacer algo y sabes que tienes que hacerlo, más allá que parezca ilógico, hazlo. Toma acción, no tiene que estar perfecto, solamente tiene que comenzar. Te vas a dar cuenta de que, si tomas acción, si sientes que es el momento de hacer lo que tienes que hacer, todo va a salir bien y te vas a sorprender.

—Y ahora quisiera que Helio —continúa Mario—, tú que has sido fundador de este gran movimiento, de esta gran revolución que no solamente ha sido el Génesis para muchos de nosotros a nivel empresarial, sino para tu propia carrera dentro de los negocios cuando fundaste AMI, ¿qué importancia tiene el ejemplo de Las Bodas de Caná? ¿Qué lección nos deja?

— Bueno, como lo explicó Mario, fue el inicio de lo más grande de todos los tiempos, fue el inicio de una revolución, fue el inicio de una nueva era, fue el inicio de la humanidad como la conocemos el día de hoy. No se sabía todo lo que iba a suceder, pero todo se inició ahí. Tú no sabes lo que va a suceder a partir de que des el primer paso, a partir de que comiences a tomar acción inspirada.

Y es que tus acciones, tus primeros pasos te pueden llevar a nuevos pasos, te pueden llevar a algo grande, a algo distinto. Si no haces nada, si no tomas acción, si dejas las cosas como están, obviamente esa inacción no te va a llevar absolutamente nada.

Cuando comienzas a moverte, cuando comienzas a dar un paso, aun cuando no sepas cuál es el siguiente paso, comienza a revelarse qué es lo siguiente, como si estuvieras caminando en una habitación oscura y con cada paso que des te vas iluminando cada vez más, vas obteniendo claridad en lo que quieres.

Así es esto, así es la acción masiva imperfecta, es salir de esa habitación oscura, comenzar a moverte. Si te mueves a un lugar donde haya luz, vas a llegar a un lugar donde comienza todo. Si te quedas petrificado, si te quedas con miedo, si te quedas en esa habitación oscura no va a suceder absolutamente nada, ni para ti, ni para nadie.

—Un libro cambió mi vida —recuerda Helio— como pudo haber sido cualquier otra cosa. Ahora mi visión y la de mis socios es cambiar la vida de millones de personas allá afuera. Hemos tenido la fortuna de tener personas en nuestros entrenamientos que ahora hacen entrenamientos y se dedican a ayudar a miles de persona.

CONCLUSIÓN

Tú no sabes lo que tus acciones van a dar como resultado, tú no sabes lo que tus palabras pueden hacer en otra persona que las esté escuchando, ya no depende de ti, tú puedes crear algo grande por ti mismo, o puedes hacer que otras personas hagan algo grande, pero todo gracias a ti, todo inspirado por ti, todo iniciado por ti.

Tus amigos,

Helio Laguna, Mario Corona y Lázaro Bernstein

www.ingramcontent.com/pod-product-compliance
Lightning Source LLC
Chambersburg PA
CBHW020949180526
45163CB00006B/2373